# Zu diesem Buch

Während Bowlen vor allem im Sommer bevorzugt werden, sind Punsche, Grogs und andere Heißgetränke in der kalten Jahreszeit sehr beliebt. Daß Bowlen als typisches Sommergetränk gelten, hat mehrere Gründe: Zum einen werden bei höheren Temperaturen leichtere, fruchtige Getränke besser vertragen, zum anderen ist der Sommer die Haupterntezeit für das einheimische Obst. Seitdem aber das ganze Jahr über fast alle Obstsorten und exotischen Früchte sowie Tiefkühlprodukte und Obstkonserven in hervorragender Qualität angeboten werden, kann man Bowlen zu jeder Jahreszeit ansetzen. Doch egal, wann Sie eine Bowle zubereiten möchten, folgende Tips sollten Sie stets beachten:

Obst muß immer gut gewaschen werden. Bei der Verwendung von Zitrusfrüchten immer darauf achten, daß diese garantiert unbehandelt sind (das gilt für alle Getränke dieses Buches). Am besten Eiswürfel oder Eisstücke nicht direkt in die Bowle geben, sondern stets Gefäße mit Eiseinsatz verwenden. Die Bowle sollte zum Durchziehen gut verschlossen in den Kühlschrank gestellt werden, damit sie keine fremden Gerüche annimmt. Nur wenig Zucker, am besten gar keinen verwenden. Statt dessen mit Zuckersirup süßen, damit zu heftiges Umrühren vermieden wird. Zuckersirup läßt sich leicht selbst herstellen: 250 g Zucker zusammen mit $^1/_4$ l Wasser aufkochen und einige Minuten lang umrühren, bis ein Sirup entstanden ist. Nach dem Erkalten in eine Flasche füllen. Ein Teelöffel des Sirups entspricht einem Teelöffel Streuzucker. Mineralwasser, Wein, Sekt, Champagner oder alkoholfreien Schaumwein immer erst kurz vor dem Servieren in die Bowle geben und dann nur einmal leicht umrühren. Wenn die zubereitete Bowlenflüssigkeit nicht ausreicht, sollte man sie nicht verlängern, da die verwendeten Früchte bereits ausgelaugt sind. Bowlengläser sollte man immer mit Spießchen oder einem Löffel servieren, damit die Gäste die Früchte bequem aus den Gläsern herausholen können.

Punsche und Grogs werden in Tassen oder hitzebeständigen Gläsern serviert. Diese sollten vorgewärmt werden, damit das Getränk nicht zu schnell abkühlt. Zum Vorwärmen einfach kochendes Wasser in die Tasse oder das Glas geben und 1 Minute stehen lassen. Beim Abgießen des Wassers einen Topflappen nehmen.

Abkürzungen:

EL = Eßlöffel
TL = Teelöffel
ml = Milliliter
cl = Zentiliter
1 cl = 10 ml
l = Liter
g = Gramm
ca. = circa
Min. = Minuten
Std. = Stunde(n)
1 Spritzer = 0,1 cl
5 Spritzer = 1 TL
1 Flasche = 0,7 bis 0,75 l Inhalt

**Portionsmengen**

Im Rezeptkopf steht jeweils, für wie viele Gläser die Zutatenmengen berechnet sind. In der Regel sind wir von Gläsern mit 150–200 ml Fassungsvermögen ausgegangen.

# BOWLEN

**Bowlen waren und sind beliebt als fruchtige, leichte Sommergetränke. Da man jedoch mittlerweile das ganze Jahr hindurch frisches Obst kaufen kann, ist es kein Problem, jederzeit Bowlen anzusetzen. Sie bieten den Vorteil, daß man als Gastgeber mehrere Personen gleichzeitig mit einem wohlschmeckenden Getränk begeistern kann.**

## Kirsch-Litschi-Bowle

Für ca. 5 Gläser

- 1 Dose Litschis (ca. 280 g)
- 4 cl Zitronensaft
- 1 EL Zucker
- 700 ml kalter Sauerkirschnektar
- 1 Flasche gut gekühlter alkoholfreier Schaumwein (z.B. Cantor)

Die Litschis mit Zitronensaft und Zucker in ein Bowlengefäß geben. Den Sauerkirschnektar dazugeben und mit Schaumwein auffüllen. Mit einer Kelle leicht umrühren.

MIT KIRSCHNEKTAR

EINFACH GUT

Franz Brandl (Hrsg.)

# Bowlen und Punsche

FALKEN

## Inhalt

## Ananas-Erdbeer-Bowle

- Für ca. 8 Gläser
- Zeit zum Kühlen: ca. 1 Std.

**1 Babyananas**
**250 g Erdbeeren**
**Schalenspirale von 1 unbehandelten Zitrone**
**2 EL Zucker**
**2 Flaschen gut gekühlter alkoholfreier Schaumwein (z.B. Cantor)**

Von der Ananas den Schopf und den Boden abschneiden und die Frucht sorgfältig schälen. Die Ananas vierteln, den Mittelstrunk jeweils herausschneiden und das Fruchtfleisch in kleine Stücke schneiden. Die Erdbeeren waschen, entstielen und eventuell halbieren. Die Früchte mit der Zitronenschalenspirale in ein Bowlengefäß geben, mit Zucker bestreuen und für etwa 1 Stunde kühl stellen. Dann mit Schaumwein auffüllen und mit einer Kelle leicht umrühren.

## Exotenbowle

- Für ca. 8 Gläser
- Zeit zum Kühlen: ca. 1 Std.

**2 Marajucas**
**je 1 Mango, Karambole (Sternfrucht) und Babyananas**
**10 unbehandelte Zwergorangen (Kumquats)**
**2 EL Zucker**
**700 ml kalter Maracujanektar**
**2 Flaschen gut gekühlter alkoholfreier Schaumwein (z.B. Cantor)**

Maracujas, Mango und Ananas schälen und kleinschneiden. Die Karambole waschen und in Scheiben schneiden. Die Zwergorangen halbieren. Alle Früchte in ein Bowlengefäß geben, mit dem Zucker bestreuen und den Maracujanektar dazugießen. Zugedeckt für etwa 1 Stunde kühl stellen. Mit Schaumwein auffüllen und mit einer Kelle leicht umrühren.

## Alkoholfreie Melonenbowle

- Für ca. 8 Gläser

**1 Wassermelone, 1 Honigmelone**
**150 ml Mandarinensirup**
**7 cl Limettensirup**
**2 Flaschen klare Zitronenlimonade**

Von den Melonen einen Deckel abschneiden, die Kerne mit einem Eßlöffel herausnehmen und das Fruchtfleisch jeweils mit einem Kugelausstecher aus der Melone herauslösen. Pro Person etwa 4 Honig- und Wassermelonenkugeln in die ausgehöhlte Wassermelone geben. Mandarinen- und Limettensirup hineinfüllen und mit der Limonade ergänzen. Die Bowle verrühren und frisch servieren. Am besten stellen Sie die gefüllte Melone auf einen mit Servietten ausgelegten Teller oder in eine entsprechende Schüssel.
*(auf dem Foto: links hinten)*

## Bataviabowle

- Für ca. 14 Gläser
- Zeit zum Kühlen: ca. 1 Std.

**2 l Ananassaft, 1 l Birnensaft**
**1 l Maracujasaft, 1 l Aprikosensaft**
**5 cl Zitronensaft**
**100 ml Curaçao blue (ohne Alkohol)**
**Bitter Lemon zum Auffüllen**
**Zitronenscheiben**
**Cocktailkirschen**

Die Säfte zusammen mit dem Curaçao in ein Bowlengefäß geben, verrühren und für etwa 1 Stunde kühl stellen. Longdrinkgläser zu Dreiviertel mit Bowle füllen und mit Bitter Lemon ergänzen. Mit je einer Zitronenscheibe und einer Cocktailkirsche dekorieren.
*(auf dem Foto: links vorne)*

## Korallenbowle

- Für ca. 14 Gläser
- Zeit zum Kühlen: ca. 1 Std.

**2 l Aprikosensaft**
**2 l Maracujasaft**
**$^1/_2$ l Kirschsaft**
**$^1/_4$ l Zitronensaft**
**$^1/_4$ l Grenadinesirup**
**Tonic Water zum Auffüllen**
**Cocktailkirschen**
**Zitronenscheiben**

Die Säfte und den Grenadinesirup in ein Bowlengefäß geben, verrühren und für etwa 1 Stunde kühl stellen. Longdrinkgläser zu Dreiviertel mit Bowle füllen und mit Tonic Water ergänzen. Jedes Glas mit einer Cocktailkirsche und Zitronenscheibe dekorieren.
*(auf dem Foto: rechts hinten)*

## Sommerbowle

- Für ca. 10 Gläser
- Zeit zum Kühlen: ca. 1 Std.

**je 100 g Himbeeren, Erdbeeren und Brombeeren**
**100 ml Himbeersirup**
**100 ml Erdbeersirup**
**100 ml Zitronensaft**
**1 l Brombeersaft**
**Eiswürfel nach Belieben**
**400 ml Mineralwasser**

Die Früchte putzen, waschen, eventuell halbieren und zusammen mit den Sirupen und Säften in ein Bowlengefäß geben. Verrühren und für etwa 1 Stunde kühl stellen. Anschließend Eiswürfel und Mineralwasser dazugeben und servieren.
*(auf dem Foto: rechts vorne)*

## Campari-Apfel-Bowle

- Für ca. 10 Gläser
- Zeit zum Kühlen: ca. 2 Std.

**4 aromatische Äpfel**
**1 Bund Zitronenmelisse**
**$^1/_4$ l Campari**
**$^3/_4$ l Apfelsaft**
**1 Flasche trockener Sekt**

Die Äpfel schälen, kleinschneiden und mit den Zitronenmelisseblättchen, dem Campari und dem Apfelsaft 2 Stunden ziehen lassen. Mit dem gekühlten Sekt aufgießen.
*(auf dem Foto)*

**Tip:**
Das Aroma wird verstärkt, wenn die Äpfel mit 4 cl Calvados beträufelt werden.

## Tropenbowle

- Für ca. 20 Gläser
- Zeit zum Kühlen: ca. 2 Std.

**1 Flasche brauner Rum**
**(z.B. Bacardi Gold)**
**$^1/_2$ Flasche Aprikosenlikör**
**1$^1/_2$ Flaschen ungesüßter Ananassaft**
**1$^1/_2$ Flaschen Grapefruitsaft**
**Saft von $^1/_2$ Zitrone oder Limette**
**je 20 Orangen- und Zitronenscheiben**
**20 frische Erdbeeren**
**20 Cocktailkirschen**

Rum und Säfte in ein Bowlengefäß geben und für etwa 2 Stunden kühl stellen. Eiswürfel in Longdrinkgläser geben und mit Bowle auffüllen. Jedes Glas mit jeweils einer Orangen- und Zitronenscheibe, Erdbeere und Cocktailkirsche dekorieren.

## Römerbowle

- Für ca. 20 Gläser
- Zeit zum Kühlen: ca. 2 Std.

**1 kleine Dose gewürfelte Ananas**
**Je 10 Zitronen- und Limettenscheiben**
**1 EL Zuckersirup**
**je 100 ml Zitronen- und Orangensaft**
**1 l Ananassaft**
**1 Flasche weißer Rum (z.B. Bacardi)**
**100 ml Pfirsichlikör**
**1 Flasche Mineralwasser**

Alle Zutaten außer dem Mineralwasser in ein Bowlengefäß geben, umrühren und für etwa 2 Stunden kalt stellen. Vor dem Servieren Mineralwasser hinzugeben und alles kurz umrühren.

## Confettibowle

- Für ca. 20 Gläser
- Zeit zum Kühlen: ca. 2 Std.

**1 l klare Zitronenlimonade**
**1 Flasche Traubensaft**
**1 kg gemische Früchte oder**
**Fruchtcocktail aus der Dose**
**1$^1/_2$ Flaschen weißer Rum (z.B. Bacardi)**
**1 Paket TK-Erdbeeren (300 g)**
**2 Flaschen halbtrockener Sekt**

Die Zitronenlimonade zusammen mit Traubensaft, Früchten und Rum in ein großes Glasgefäß geben und für etwa 2 Stunden kalt stellen. Anschließend die tiefgefrorenen Erdbeeren hinzugeben, umrühren, mit Sekt auffüllen und die Bowle sofort servieren.

DE CAMPARI
AMPARI
Bitter

## Erdbeer-Kiwi-Bowle

- Für ca. 15 Gläser
- Zeit zum Kühlen: ca. 1 Std.

**150 g geviertelte, frische Erdbeeren**
**4 Kiwis, in Scheiben**
**2 Flaschen trockener Weißwein**
**4 cl Kiwilikör**
**4 cl Erdbeerlikör oder -sirup**
**4 cl weißer Rum**
**3 EL Zucker**
**Saft von 1 Zitrone**
**$^1/_2$ Flasche trockener Rotwein**
**1 Flasche trockener Sekt**

Die Erdbeeren und die Kiwis zusammen mit 1 Flasche Weißwein, Kiwilikör, Erdbeerlikör oder -sirup, Rum, Zucker und Zitronensaft in ein Bowlengefäß geben und den Ansatz für etwa 1 Stunde zugedeckt kühl stellen. Anschließend den restlichen Weißwein und den Rotwein dazugießen und alles gut verrühren. Zum Servieren die Gläser zu zwei Dritteln mit der Bowle füllen und nach Belieben Sekt dazugeben. Die Gläser mit Cocktailspießchen für die Früchte garnieren.
*(auf dem Foto oben)*

**Tip:**
Bowlen schmecken nur eisgekühlt so richtig aromatisch und erfrischend. Stellen Sie deshalb die Zutaten vor der Zubereitung für längere Zeit in den Kühlschrank.

## Südseetraum

- Für ca. 10 Gläser
- Zeit zum Kühlen: ca. 2 Std.

**5 Scheiben frische Ananas**
**4 cl Curaçao blue**
**4 cl brauner Rum**
**Saft von 1 Zitrone**
**3 EL Zucker**
**1 Flasche trockener Weißwein**
**$^1/_2$ Flasche trockener Rotwein**
**1 Flasche trockener Sekt**

Von den Ananasscheiben die Schale und den harten Strunk in der Mitte entfernen und die Ringe in mundgerechte Stücke schneiden. Die Ananasstückchen zusammen mit Curaçao, Rum, Zucker und Zitronensaft in ein Bowlengefäß geben. Die Hälfte des Weißweins darübergießen und den Ansatz für 2 Stunden zugedeckt kühl stellen. Anschließend den restlichen Weißwein und den Rotwein dazugießen und alles gut verrühren. Zum Servieren die Gläser zu zwei Dritteln mit der Bowle füllen und nach Belieben Sekt dazugießen. Mit einem Löffel oder einem Spießchen für die Früchte servieren.
*(auf dem Foto unten)*

**Tip:**
Ersetzen Sie den Rotwein durch die gleiche Menge Ananassaft. So wird die Bowle leichter und fruchtiger.

MIT FRUCHTLIKÖREN

MIT CURAÇAO

## Rosenbowle

- Für ca. 25 Gläser
- Zeit zum Kühlen: ca. 1 Std.

**5 süß duftende, unbehandelte Rosen**
**2 EL Zucker**
**3 l trockener Weißwein**
**1 l Sekt**

Die Blütenblätter der Rosen abzupfen, verlesen, waschen und abtropfen lassen. Die Rosenblätter mit dem Zucker und 1 Liter Wein etwa 1 Stunde im Kühlschrank ziehen lassen. Anschließend den Ansatz durch ein Sieb in ein Bowlengefäß gießen und mit restlichem Wein und Sekt auffüllen.
*(auf dem Foto: oben)*

## Himbeerbowle

- Für ca. 8 Gläser
- Zeit zum Kühlen: ca. 1 Std.

**400 g frische Himbeeren**
**200 ml Himbeerlikör**
**100 ml weißer Rum**
**$^1/_4$ l Roséwein**
**1 Flasche Sekt**

Die Himbeeren verlesen, waschen und zusammen mit Likör und Rum für etwa 1 Stunde kalt stellen. Anschließend den Ansatz in ein Bowlengefäß geben und kurz vor dem Servieren mit Wein und Sekt auffüllen.
*(auf dem Foto: unten rechts)*

## Rum-Kiwi-Bowle

- Für ca. 7 Gläser
- Zeit zum Kühlen: ca. 2 Std.

**6 Kiwis**
**6 cl Zitronensaft**
**100 ml weißer Rum**
**4 cl Cognac**
**$^1/_4$ Flasche trockener Weißwein**
**1 Flasche trockener Sekt**

Die Kiwis schälen, in Scheiben schneiden und zusammen mit Zitronensaft, Rum und Cognac in ein Bowlengefäß geben. Diesen Ansatz für etwa 2 Stunden in den Kühlschrank stellen. Kurz vor dem Servieren die Bowle mit Wein und Sekt auffüllen, nicht mehr umrühren.
*(auf dem Foto: unten links)*

***Rum***
*Seine Entstehung verdankt der Rum der Herstellung von Rohrzucker. Denn die dabei zurückbleibende Melasse, ein braune, zähe Flüssigkeit, wird nach Zugabe von Wasser sowie Hefekulturen vergoren und anschließend destilliert. Das Farblose Destillat, der „weiße Rum“, lagert nun in Eschenholz- oder Edelstahlfässern, bevor er in Flaschen abgefüllt und verkauft wird. „Brauner Rum“ entsteht durch die Lagerung in dunklen Holzfässern, die ihre Farbe und ihren charakteristischen Geschmack an das Destillat abgeben. Rum wird hauptsächlich auf den Südseeinseln Jamaika, Kuba, Puerto Rico sowie Martinique hergestellt und hat einen Alkoholgehalt zwischen 38 und 81 Vol.-%.*

## Mandarinen-Grapefruit-Bowle

- Für ca. 10 Gläser
- Zeit zum Kühlen: über Nacht

**8 Mandarinen**
**6 rosa Grapefruits**
**1 Limette**
**75 g Zucker, 6 cl Orangenlikör**
**3 cl Grenadinesirup**
**2 Flaschen Roséwein, 2 Flaschen Sekt**

Die Mandarinen und die Grapefruits schälen, in Spalten zerteilen und die weißen Häutchen entfernen. Die Limette in Scheiben schneiden. Die Obststücke in einem Bowlengefäß zusammen mit Zucker, Orangenlikör und Grenadinesirup mischen und zugedeckt über Nacht kühl stellen. Die Bowle vor dem Servieren erst mit Wein, dann mit Sekt auffüllen.
*(auf dem Foto: links)*

## Bananen-Kiwi-Bowle

- Für ca. 10 Gläser
- Zeit zum Kühlen: ca. 2 Std.

**4 Bananen**
**5 Kiwi**
**2 cl Zitronensaft**
**6 cl Kiwilikör**
**2 cl Mandellikör**
**3 Flaschen Weißwein**
**1 Flasche Sekt**

Die Bananen und die Kiwis schälen und in Scheiben schneiden. Die Fruchtstücke in einem Bowlengefäß mit Zitronensaft, Kiwilikör und Mandellikör beträufeln und für ungefähr 2 Stunden kühl stellen. Die Bowle vor dem Servieren erst mit Wein und dann mit Sekt auffüllen.
*(auf dem Foto: rechts)*

## Zitronenbowle

- Für ca. 10 Gläser
- Zeit zum Kühlen: ca. 1 Std.

**2 unbehandelte Zitronen**
**1 unbehandelte Orange**
**1 l Ananassaft**
**$^1/_2$ l Orangensaft**
**100 ml Zitronensaft**
**100 ml Zuckersirup**
**1 l Bitter Lemon**
**1 Flasche Mineralwasser**

Die Zitronen und die Orange schälen, in Scheiben schneiden und diese vierteln. Zitronen- und Orangenviertel zusammen mit den Zitrusfruchtschalen, Säften und Sirup im Bowlengefäß für ungefähr 1 Stunde zugedeckt kalt stellen. Dann die Schalen entfernen, Bitter Lemon und Mineralwasser dazugießen.
*(auf dem Foto: links)*

## Fruchtsaftbowle

- Für ca. 15 Gläser
- Zeit zum Kühlen: ca. 1 Std.

**3 Bananen**
**2 Kiwis**
**1 Flasche Bananensaft**
**1 Flasche Orangensaft**
**200 ml Zitronensaft**
**1 Flasche Ananassaft**
**1 l Mineralwasser**

Die Bananen und die Kiwis schälen. Die Bananen in Scheiben schneiden, die Kiwis würfeln. Die Obststückchen zusammen mit den Säften im Bowlenglas für etwa 1 Stunde zugedeckt kalt stellen. Anschließend umrühren und das Mineralwasser dazugeben.
*(auf dem Foto: rechts)*

## Apfel-Calvados-Bowle

- Für ca. 15 Gläser
- Zeit zum Kühlen: ca. 4 Std.

**8 Äpfel**
**Saft von 1 Zitrone**
**2 EL Zucker**
**100 ml Calvados**
**2 Flaschen Weißwein**
**1 Flasche Sekt**
**1 Flasche Mineralwasser**

Die Äpfel schälen, von den Kerngehäusen befreien, in Spalten teilen, in ein Bowlengefäß geben, mit Zitronensaft beträufeln und mit Zucker bestreuen. Den Ansatz zugedeckt für ungefähr 4 Stunden kühl stellen. Dann Calvados und Weißwein dazugießen und umrühren. Zum Schluß mit Sekt und Mineralwasser auffüllen.

***Calvados***
*Der Calvados ist ein französischer Apfelbranntwein, der schon seit Jahrhunderten im Departement Calvados in der Normandie hergestellt wird. Man brennt ihn aus Cidre, also aus Apfelwein. Calvados schmeckt und duftet herrlich nach frisch gepflückten Äpfeln. Er besitzt einen Alkoholgehalt von 38 bis 50 Vol.-%.*

## Obstsalatbowle

- Für ca. 8 Gläser
- Zeit zum Kühlen: ca. 1 Std.

**2 säuerliche Äpfel**
**1 Birne**
**1 Banane**
**1 Orange**
**$^1/_2$ l Orangensaft**
**$^1/_2$ l Apfelsaft**
**200 ml Bananensaft**
**100 ml Birnensaft**
**300 ml Mineralwasser**

Die Äpfel und die Birne waschen, halbieren, von den Kerngehäusen befreien und in Stifte schneiden. Die Banane und die Orange schälen, in Scheiben schneiden und die Orangenscheiben nochmals vierteln. Das Obst zusammen mit den Säften in ein Bowlengefäß geben und für etwa 1 Stunde kühl stellen. Die Bowle anschließend mit Mineralwasser auffüllen.

## Bananenbowle

- Für ca. 15 Gläser
- Zeit zum Kühlen: ca. 1 Std.

**4 Bananen**
**Saft von 1/2 Zitrone**
**4 cl grüner Bananenlikör**
**4 cl weißer Rum**
**3 EL Zucker**
**2 Flaschen trockener Weißwein**
**2 Flaschen trockener Sekt**

Die Bananen schälen, in dünne Scheiben schneiden und mit Zitronensaft beträufeln, damit sie nicht braun werden. Dann die Scheiben in ein Bowlengefäß geben und Bananenlikör, Rum, Zucker sowie 1 Flasche Wein dazugeben. Den Ansatz etwa 1 Stunde zugedeckt kühl stellen. Anschließend den restlichen Wein dazugießen und alles gut umrühren. Vor dem Servieren mit Sekt auffüllen, dann aber nicht mehr umrühren. Die Bowle in Gläsern mit Cocktailspießchen servieren.

## Goldene Bowle

- Für ca. 16 Gläser
- Zeit zum Kühlen: ca. 1 Std.

**2 l Bananensaft**
**2 l Aprikosensaft**
**1 l Maracujasaft**
**Tonic Water zum Auffüllen**
**etwa 8 Bananen**

Die Säfte in einem Bowlengefäß verrühren und für etwa 1 Stunde kühl stellen. Longdrinkgläser zu Dreiviertel mit Bowle füllen und mit Tonic Water ergänzen. Die Bananen schälen, halbieren und jedes Glas mit einer Bananenhälfte dekorieren.

***Tonic Water***
*Tonic Water ist sehr beliebt zum Auffüllen von Mixgetränken. Es handelt sich hierbei um eine farblose, kohlensäurehaltige Limonade, die mit Chinin, einem bitterschmeckenden Alkaloid der Chinarinde, versetzt ist. Erstmals wurde Tonic Water gegen Ende des 19. Jahrhunderts von der Schweizer Firma Schweppes hergestellt. Der Chininzusatz muß auf dem Flaschenetikett gekennzeichnet sein.*

## Baccarabowle

- Für ca. 10 Gläser
- Zeit zum Kühlen: 4–5 Std.

**8 frische, duftende und voll erblühte gelbe und rote Rosen**
**2 Flaschen Weißwein**
**10 Spritzer Rosenwasser (aus der Apotheke)**
**2 Flaschen Sekt**

6 Rosen waschen, die Blätter abzupfen und in eine große Schüssel legen. Den Wein und das Rosenwasser hinzufügen und den Ansatz für 4 bis 5 Stunden kühl stellen. Den Ansatz abseihen. Die restlichen 2 Rosen waschen, die Blätter abzupfen und in das Bowlengefäß legen. Den Bowlenansatz darübergießen, umrühren und mit Sekt auffüllen.
*(auf dem Foto: ganz links)*

**Achtung:**
Verwenden Sie nur Rosen, bei denen Sie absolut sicher sind, daß sie nicht mit einem Pflanzenschutzmittel behandelt wurden.

## Sauerkirschbowle

- Für ca. 10 Gläser
- Zeit zum Kühlen: $^1/_2$–1 Std.

**2 große Gläser entsteinte Sauerkirschen**
**8 cl Apricot Brandy**
**2 Flaschen Rotwein**
**3 Flaschen Sekt**

Die Sauerkirschen abtropfen lassen, in ein Bowlengefäß geben und mit Apricot Brandy beträufeln. Den Ansatz zugedeckt für $^1/_2$ bis 1 Stunde kühl stellen. Dann den Wein angießen, umrühren und mit Sekt auffüllen.
*(auf dem Foto: 2. von links)*

## Alte englische Bowle

- Für ca. 10 Gläser
- Zeit zum Kühlen: ca. $2^1/_4$ Std.

**2 Bund getrocknete Minzeblätter**
**200 ml Whisky**
**2 Flaschen Weißwein**
**2 Flaschen Sekt**

Die Pfefferminzblätter etwas zerbröseln, in einer Schale mit Whisky übergießen und alles etwa $^1/_4$ Stunde zugedeckt durchziehen lassen. Den Ansatz durch ein Sieb in das Bowlengefäß gießen, mit Weißwein auffüllen und die Bowle für etwa 2 Stunden kühl stellen. Dann umrühren und den Sekt angießen.
*(auf dem Foto: 2. von rechts)*

## Williams-Christ-Bowle

- Für ca. 10 Gläser
- Zeit zum Kühlen: ca. 4 Std.

**4 geschälte und gewürfelte Williams Christbirnen**
**3 cl Zitronensaft**
**6 cl Birnengeist**
**2 EL Zucker**
**2 Flaschen Weißwein**
**2 Flaschen Sekt**

Die Birnenwürfel im Bowlengefäß mit Zitronensaft, Birnengeist und Zucker vorsichtig mischen und den Ansatz für 3 bis 4 Stunden zugedeckt kühl stellen. Dann den Wein angießen, umrühren und mit Sekt auffüllen.
*(auf dem Foto: ganz rechts)*

## Kumquatbowle

- Für ca. 8 Gläser
- Zeit zum Kühlen: ca. 1 1/2 Std.

**6 Kumquats (Zwergorangen)**
**3 EL Zucker**
**6 cl Cointreau (Orangenlikör)**
**Saft von 1 Zitrone**
**1 Flasche trockener Weißwein**
**1 Flasche trockener Sekt**

Die Kumquats gut waschen und in dünne Scheiben schneiden. Dann Zucker darüberstreuen, Cointreau und Zitronensaft darübergießen und alles etwa 1 Stunde kühl stellen. Anschließend den Wein dazugeben und den Ansatz nochmals etwa 1/2 Stunde kühl stellen. Die Bowle kurz vor dem Servieren mit Sekt auffüllen, in Gläser geben und zum Schluß Cocktailspießchen dazugeben.

***Kumquats***
*Kumquats sind Zwergorangen, die man auch unter der Bezeichnung Goldorangen oder japanische Orangen kennt. Sie wachsen in subtropischen Regionen an bis zu 2 Meter hohen Sträuchern. Die Früchte ißt man mit der Schale. Das Fruchtfleisch schmeckt etwas bitter, die Schale süß. Kaufen können Sie Kumquats bei uns entweder frisch oder in Sirup eingelegt.*

## Karibischer Zauber

- Für ca. 8 Gläser
- Zeit zum Kühlen: ca. 2 Std.

**2 Karambolen (Sternfrüchte)**
**3 EL Zucker**
**4 cl Grand Marnier**
**4 cl brauner Rum**
**1 Flasche trockener Weißwein**
**1 Flasche trockener Sekt**

***Karambolen***
*Die Karambole wird auch Sternfrucht genannt, denn man erhält dekorative Sterne, wenn man sie in Scheiben schneidet. Sie kommt aus den Tropen sowie aus den Subtropen und ist bei uns das ganze Jahr über erhältlich. Sie schmeckt leicht süß-sauer.*

Die Karambolen gut waschen und in dünne Scheiben schneiden. Diese eventuell noch halbieren, dann mit dem Zucker bestreuen. Grand Marnier und Rum darübergießen und den Ansatz für etwa 2 Stunden kühl stellen. Anschließend den Wein dazugießen und alles gut umrühren. Die Bowle vor dem Servieren mit Sekt auffüllen, in Gläser geben und mit Cocktailspießchen servieren.

**Tip:**
Dekorieren Sie die Gläser mit je einer Karambolenscheibe und einer Cocktailkirsche.

## Fruit Cup

- Für ca. 12 Gläser
- Zeit zum Kühlen: ca. 1 Std.

**2 l Orangensaft**
**2 l Ananassaft**
**$^1/_4$ l Zitronensaft**
**$^1/_4$ l Grenadinesirup**
**1 Dose Litschis (ca. 280 g)**
**1 Dose Papayas (ca. 280 g)**
**7 Kiwis, in Scheiben**
**Tonic Water zum Auffüllen**

Die Säfte und den Grenadinesirup in ein Bowlengefäß geben. Die Dosenfrüchte abseihen und zusammen mit den Kiwischeiben hinzufügen. Die Bowle für etwa 1 Stunde kühl stellen. Anschließend Longdrinkgläser zu Dreiviertel mit Bowle und Früchten füllen und mit Tonic Water ergänzen.
*(auf dem Foto: links)*

## Ananasbowle

- Für ca. 8 Gläser
- Zeit zum Kühlen: ca. 1 Std.

**1 frische Ananas**
**100 ml Ananassirup**
**100 ml Zitronensaft**
**1 l Ginger-Ale**
**400 ml Mineralwasser**

Die Ananas in Scheiben schneiden, von diesen jeweils den Strunk und die Schale entfernen. Die Ananasringe achteln und mit den Säften in ein Bowlengefäß geben. Den Ansatz für etwa 1 Stunde kühl stellen. Die Bowle vor dem Servieren erst mit Ginger-Ale, dann mit Mineralwasser auffüllen.
*(auf dem Foto: rechts)*

## Piratenbowle

- Für ca. 15 Gläser
- Zeit zum Kühlen: ca. 1 Std.

**2 l Aprikosensaft**
**2 l Birnensaft**
**$^1/_2$ l Kirschsaft**
**$^1/_4$ l Zitronensaft**
**$^1/_4$ l Grenadinesirup**
**Tonic Water zum Auffüllen**
**einige unbehandelte Zitronen**
**Cocktailkirschen**

Die Säfte und den Grenadinesirup in ein Bowlengefäß geben, verrühren und für etwa 1 Stunde kalt stellen. Longdrinkgläser zu Dreiviertel mit Bowle füllen und mit Tonic Water ergänzen. Von den Zitronen die Zitronenschale spiralförmig abschneiden und jedes Glas mit einer Zitronenschalenspirale und einer Cocktailkirsche dekorieren.
*(auf dem Foto: Mitte)*

**Tip:**
Um die Bowle über längere Zeit kühl zu halten, ein Verwässern durch normale Eiswürfel jedoch zu verhindern, ist es ideal, diese aus den in der Bowle enthaltenen Säften herzustellen. Gelbe Würfel aus Aprikosensaft und rote aus Kirschsaft sind zudem eine überaus attraktive Dekoration.

## Hochzeitsbowle

- Für ca. 25 Gläser
- Zeit zum Kühlen: ca. 2 Std.

**1 frische Ananas**
**1 unbehandelte Orange**
**je 65 ml Zitronen- und Orangensaft**
**190 ml ungesüßter Ananassaft**
**$^1/_8$ l Cognac, 6 cl Kirschlikör**
**1 Flasche brauner Rum**
**(z.B. Bacardi Gold)**
**2 Flaschen Champagner**
**1 Flasche Mineralwasser**

Die Ananas in Scheiben schneiden. Von den Scheiben die Rinde und den harten Strunk in der Mitte entfernen und die Ringe in mundgerechte Stücke schneiden. Die Orange in Scheiben schneiden. Ananasstücke und Orangenscheiben in ein Bowlengefäß legen. Zitronen- und Orangensaft, Ananassaft und Cognac darübergeben. Maraschino- oder Kirschlikör hinzufügen, mit Rum auffüllen und den Ansatz für etwa 2 Stunden kühl stellen. Vor dem Servieren mit Champagner oder trockenem Sekt und Mineralwasser auffüllen.
*(auf dem Foto oben: links)*

## Champagnerbowle

- Für ca. 20 Gläser
- Zeit zum Kühlen: ca. 2 Std.

**1 frische Ananas, 3 EL Zuckersirup**
**100 ml Dry Orange Curaçao**
**100 ml Mandellikör**
**65 ml Grenadinesirup**
**1 Flasche weißer Rum (z.B. Bacardi)**
**2 Flaschen Champagner**
**1 Flasche Mineralwasser**
**einige Orangenscheiben**
**einige frische Erdbeeren**

Die Ananas in Scheiben schneiden, von den Scheiben die Rinde und den harten Strunk in der Mitte entfernen und die Ringe in mundgerechte Stücke schneiden. Die Ananasstückchen in ein Bowlengefäß geben, Zuckersirup, Dry Orange Curaçao, Mandellikör, und Grenadinesirup hinzufügen. Mit Rum auffüllen und den Ansatz für etwa 2 Stunden kühl stellen. Vor dem Servieren mit Champagner und Mineralwasser auffüllen. Mit Orangenscheiben und frischen Erdbeeren dekorieren.
*(auf dem Foto oben: rechts)*

## Tropical Star

- Für ca. 8 Gläser
- Zeit zum Kühlen: ca. $^1/_2$ Stunde

**1 Dose Ananasstücke (340 g)**
**1 Dose Mandarinenfilets (175 g)**
**1 Karambole (Sternfrucht)**
**150 g Litschis aus der Dose**
**2 Flaschen MÜLLER R'ACTIV**
**„Tropic Frucht-Getränk" (à 0.33 l)**
**1 l gut gekühlter trockener Weißwein**
**(z.B. Riesling)**

Ananasstücke und Mandarinenfilets zusammen mit dem Saft in ein Bowlengefäß geben. Die Karambole waschen, in Scheibchen schneiden und mit den abgetropften Litschis hinzufügen. Mit R'ACTIV und Weißwein aufgießen und zugedeckt etwa $^1/_2$ Stunde kühl stellen.
*(auf dem Foto unten)*

MIT RUM

MIT R'ACTIV

## Obstbowle

- Für ca. 10 Gläser
- Zeit zum Kühlen: ca. 1 Std.

**1 unbehandelte Orange**
**2 säuerliche Äpfel**
**1 Birne**
**1 Banane**
**1 l Orangensaft**
**1 l Apfelsaft**
**200 ml Bananensaft**
**$^1/_2$ l Birnensaft**
**1 Flasche Mineralwasser**

Orange, Äpfel und Birne gut waschen. Die Orange in Scheiben schneiden und diese dann vierteln. Die Äpfel und die Birne halbieren, von den Kerngehäusen befreien und in Stifte schneiden. Die Banane schälen und ebenfalls in Scheiben schneiden. Die Obststückchen zusammen mit den Fruchtsäften im Bowlengefäß für etwa 1 Stunde zugedeckt kühl stellen. Anschließend umrühren und mit dem Mineralwasser auffüllen.

## Pfirsichbowle

- Für ca. 10 Gläser
- Zeit zum Kühlen: ca. 2 Std.

**8 reife Pfirsiche**
**100 ml Cognac**
**Saft von 2 Zitronen**
**4 EL Zucker**
**2 Flaschen trockener Weißwein**
**2 Flaschen trockener Sekt**

Die Pfirsiche schälen, jeweils den Kern entfernen und das Fruchtfleisch in Spalten teilen. Die Pfirsichspalten eventuell noch halbieren und in ein Bowlengefäß geben. Cognac, Zitronensaft und Zucker darübergeben und alles für etwa 2 Stunden kühl stellen. Dann den Wein dazugießen, gut umrühren und die Bowle mit Sekt auffüllen.

## Mangobowle

- Für ca. 10 Gläser
- Zeit zum Kühlen: ca. 1 Std.

**3 reife Mangos**
**100 ml Apricot Brandy**
**8 cl brauner Rum**
**Saft von 2 Orangen**
**Saft von 2 Zitronen**
**4 EL Zucker**
**2 Flaschen trockener Weißwein**
**2 Flaschen trockener Sekt**

Die Mangos schälen und das Fruchtfleisch in dünnen Spalten vom Kern abschneiden. Die Spalten würfeln und zusammen mit Apricot Brandy, Rum, Orangen- und Zitronensaft sowie Zucker im Bowlengefäß für etwa 1 Stunde kühl stellen. Dann den Wein dazugießen, gut umrühren und mit Sekt auffüllen.

## Cherimoyabowle

- Für ca. 10 Gläser
- Zeit zum Kühlen : ca. 4 Std.

**2 reife Cherimoyas**
**250 g Erdbeeren**
**4 grüne Feigen**
**2 cl Zitronensaft**
**8 cl Erdbeer- oder Orangenlikör**
**2 Flaschen Weißwein**
**2 Flaschen Sekt**

Die Cherimoyas halbieren und entkernen. Das Fruchtfleisch mit einem Löffel vorsichtig herauslösen und kleinschneiden. Die Erdbeeren waschen, putzen und halbieren, die Feigen ebenfalls waschen und vierteln. Alle Obststückchen in ein Bowlengefäß geben, mit Zitronensaft und Likör beträufeln und für etwa 2 Stunden zugedeckt kühl stellen. Dann eine Flasche Wein dazugießen und den Ansatz für weitere 2 Stunden kühl stellen. Zuletzt den restlichen Wein dazugeben, umrühren und den Sekt angießen.

## Kiwi-Bananen-Bowle

- Für ca. 8 Gläser
- Zeit zum Kühlen: ca. 1 Std.

**3 Bananen, 2 Kiwis**
**700 ml Bananensaft**
**100 ml Orangensaft**
**100 ml Zitronensaft**
**100 ml Ananassaft**
**1/2 l Mineralwasser**

Bananen und Kiwis schälen und in kleine Stücke schneiden. Die Obststückchen zusammen mit den Säften in ein Bowlengefäß geben, verrühren und für etwa 1 Stunde kalt stellen. Anschließend Eiswürfel und Mineralwasser dazugeben und die Bowle frisch servieren.
*(auf dem Foto: vorne links)*

## Kiwibowle

- Für ca. 8 Gläser
- Zeit zum Kühlen: ca. 1 Std.

**6 Kiwis**
**8 cl Zitronensaft**
**3 cl Zuckersirup**
**1 l Ginger-Ale**
**40 cl Mineralwasser**

Die Kiwis schälen, in Scheiben schneiden und in ein Bowlengefäß geben. Den Saft und den Sirup darübergießen und den Ansatz für etwa 1 Stunde kühl stellen. Anschließend erst mit Ginger-Ale, dann mit Mineralwasser auffüllen.
*(auf dem Foto: vorne rechts)*

## Traubenbowle

- Für ca. 8 Gläser
- Zeit zum Kühlen: ca. 1 Std.

**je 100 g blaue und weiße Weintrauben**
**1/2 l blauer Traubensaft**
**1/2 l heller Traubensaft**
**100 ml Zitronensaft**
**1/2 l Mineralwasser**

Die Trauben sorgfältig unter warmem Wasser waschen, halbieren und entkernen. Die Früchte zusammen mit den Säften in ein Bowlengefäß geben, alles verrühren und für ungefähr 1 Stunde kühl stellen. Zuletzt Mineralwasser hinzufügen.
*(auf dem Foto: hinten)*

***Ginger Ale***
*Ginger Ale ist eine mit Ingwer und Hopfen gewürzte, kohlensäurehaltige Limonade, die klar oder hellbraun im Handel erhältlich ist. Seinen Namen verdankt dieses beliebte Erfrischungsgetränk dem zugesetzten Ingwer, auf Englisch Ginger. Ingwer ist die Wurzelknolle einer Gewürzlilie und stammt aus dem südlichen Asien. Sie gibt dem Ginger Ale seinen charakteristischen scharf-süßen Geschmack.*

## Litschibowle

- Für ca. 8 Gläser
- Zeit zum Kühlen: ca. 2 Std.

**20 Litschis aus der Dose**
**1 unbehandelte Zitrone, in Scheiben**
**4 cl Brandy**
**4 cl Crème de Cassis**
**1 Flasche trockener Weißwein**
**1 Flasche trockener Sekt**

Die abgetropften Litschis zusammen mit Zitronenscheiben, Brandy und Crème de Cassis in ein Bowlengefäß geben, alles verrühren und zugedeckt für etwa 2 Stunden kühl stellen. Anschließend den Wein dazugießen und alles gut umrühren. Die Bowle kurz vor dem Servieren mit Sekt auffüllen, in Bowlengläser füllen und mit Cocktailspießchen servieren.
*(auf dem Foto: links)*

## Jamaikabowle

- Für ca. 8 Gläser
- Zeit zum Kühlen: ca. 1 Std.

**2 reife Mangos**
**6 cl Apricot Brandy, 4 cl brauner Rum**
**Saft von 1 Orange, Saft von 1 Zitrone**
**2 EL Zucker**
**1 Flasche trockener Weißwein**
**1 Flasche trockener Sekt**

Die Mangos schälen, das Fruchtfleisch in dünnen Spalten vom Kern abschneiden und diese in mundgerechte Stücke zerteilen. Die Früchte zusammen mit Apricot Brandy, Rum, Orangen- und Zitronensaft und Zucker in ein Bowlengefäß geben, verrühren und zugedeckt für etwa 1 Stunde kühl stellen. Den Wein dazugießen und gut verrühren. Die Bowle kurz vor dem Servieren mit Sekt auffüllen.
*(auf dem Foto: rechts)*

## Orangenbowle

- Für ca. 8 Gläser
- Zeit zum Kühlen: ca. 1 Std.

**2 unbehandelte Orangen**
**2 unbehandelte Zitronen**
**$^1/_2$ l Ananassaft, 200 ml Orangensaft**
**100 ml Zitronensaft, 100 ml Zuckersirup**
**$^1/_2$ l Bitter Lemon, 400 ml Mineralwasser**

Die Orangen und die Zitronen schälen, von den weißen Häutchen befreien, jeweils das Fruchtfleisch in Scheiben schneiden und diese vierteln. Orangen- und Zitronenstückchen zusammen mit Schalen, Säften und Sirup in ein Bowlengefäß geben, alles verrühren und für etwa 1 Stunde kühl stellen. Anschließend die Schalen entfernen, Bitter Lemon und Mineralwasser hinzufügen. Sofort servieren.
*(auf dem Foto: links)*

## Malayenbowle

- Für ca. 8 Gläser
- Zeit zum Kühlen: ca. 1 Std.

**4 l Ananassaft**
**1 l Grapefruitsaft**
**$^1/_4$ l Curaçao blue (ohne Alkohol)**
**Bitter Lemon zum Auffüllen**
**Ananasscheiben**

Die Fruchsäfte zusammen mit Curaçao blue in ein Bowlengefäß geben, verrühren und für etwa 1 Stunde kühl stellen. Anschließend Longdrinkgläser zu Dreiviertel mit der Bowle füllen und mit Bitter Lemon ergänzen. Jedes Glas mit einer Ananasscheibe dekorieren.
*(auf dem Foto: rechts)*

## Melonenbowle

- Für ca. 8 Gläser
- Zeit zum Kühlen: ca. 2 Std.

**1 große Wassermelone**
**6 cl Melonenlikör**
**4 cl Weinbrand**
**2 EL Zucker**
**1 Flasche trockener Weißwein**
**1 Flasche trockener Sekt**

Von der Melone oben einen Deckel abschneiden. Dazu die Frucht rundherum zickzackförmig einschneiden und dann den Deckel abnehmen. Das Kernfleisch entfernen und aus dem verbleibenden Fruchtfleisch mit einem Kugelausstecher kleine Kugeln herauslösen. Die Melone sollte gut ausgehöhlt sein. Dann Likör, Weinbrand, Zucker und Wein in die Frucht gießen, die Melonenkügelchen dazugeben und alles zugedeckt etwa 2 Stunden kühl stellen. Vor dem Servieren den Sekt hinzugießen, die Bowle in Gläser füllen und lange Löffel dazu reichen.
*(auf dem Foto oben)*

***Melonenlikör***
*Die leckere Melone stammt ursprünglich aus den Tropen, sie wird heute jedoch auch in wärmeren Gebieten der gemäßigten Zonen angebaut. Man unterscheidet zwei Arten, die Zucker- und die Wassermelonen. Die Ananas- und die Honigmelonen gehören zu den Zuckermelonen.*
*Frische Melonen eignen sich hervorragend als Garnitur für Bowlen. Der Melonenlikör wird vor allem in südlichen Ländern hergestellt. Sein Alkoholanteil liegt bei etwa 28 Vol.-%.*

## Trauben-Kirsch-Bowle

- Für ca. 10 Gläser
- Zeit zum Kühlen: ca. 1/2 Std.

**2 unbehandelte Zitronen, in Scheiben**
**2 unbehandelte Orangen, in Scheiben**
**500 g halbierte und entkernte weiße Weintrauben**
**125 g Zucker**
**400 g Maraschinokirschen aus dem Glas**
**100 ml Maraschinosaft aus dem Glas**
**1/8 l Sherry**
**1/8 l Weinbrand**
**3 Flaschen Champagner**

Zitronen- und Orangenscheiben sowie Weintrauben zusammen mit Zucker, Maraschinokirschen und -saft in ein Bowlengefäß geben. Sherry und Weinbrand dazugeben, den Ansatz umrühren und für etwa 1/2 Stunde kühl stellen. Anschließend den Champagner hinzugießen und die Bowle servieren.
*(auf dem Foto unten)*

***Maraschinokirschen***
*Maraschinokirschen sind dalmatinische Sauerkirschen, die oft für Bowlen, Cocktails und Eiskreationen verwendet werden. Außerdem gewinnt man aus den Kirschen den bekannten Fruchtlikör „Maraschino“, der aus Kirschwasser, Zucker, Rindenauszügen, Vanille und anderen Gewürzen hergestellt wird. Er ist klar und hat einen Alkoholanteil zwischen 30 und 35 Vol.-%.*

MIT MELONENLIKÖR

MIT CHAMPAGNER

## Kalte Ente

- Für ca. 10 Gläser

**Schalenspiralen von**
**2 unbehandelten Zitronen**
**4 Flaschen gut gekühlter Weißwein**
**2 Flaschen gut gekühlter Sekt**

Die Schalenspiralen in das Bowlengefäß hängen. Dann Wein und Sekt angießen. Die Schalenspiralen nach kurzer Zeit herausnehmen.
*(auf dem Foto: vorne ganz links)*

## Waldmeisterbowle

- Für ca. 10 Gläser
- Zeit zum Kühlen: ca. $^1/_2$ Std.

**3 Büschel Waldmeister**
**4 Flaschen trockener Weißwein**
**1 unbehandelte Orange, in Scheiben**
**1 Flasche Sekt**

Die Waldmeisterbüschel sorgfältig waschen, trockenschütteln und über Nacht welken lassen. 2 Flaschen Weißwein über 1 Orangenscheibe in das Bowlengefäß gießen und die Waldmeisterbüschel an einem Bindfaden hineinhängen. Die Stiele sollen den Wein nicht berühren, denn das Aroma ist nur in den Blättern. Den Bowlenansatz für etwa $^1/_2$ Stunde kühl stellen. Dann den Waldmeister entfernen, den restlichen Wein und die restlichen Orangenscheiben hinzugeben, umrühren und die Bowle mit Sekt auffüllen.
*(auf dem Foto: vorne Mitte)*

## Schorle Morle

- Für ca. 10 Gläser

**1 Flasche halbtrockener Weißwein**
**(z.B. Moselwein)**
**1 Flasche Mineralwasser**
**1 unbehandelte Zitrone**

Den Wein und das Mineralwasser in einem Bowlengefäß mischen. Die Zitrone spiralenförmig schälen, die Schale beiseite legen und das Fruchtfleisch in Scheiben schneiden. Die Zitronenscheiben in der Schorle schwimmen lassen und die Spirale als Dekoration an den Gefäßrand hängen.
*(auf dem Foto: vorne rechts)*

## Rheinweinbowle

- Für ca. 9 Gläser
- Zeit zum Kühlen: ca. $^1/_2$ Std.

**1 Orange**
**3 Ananasringe aus der Dose**
**3 Gurkenscheiben**
**2 Pfefferminzzweige**
**8 cl Maraschinolikör**
**8 cl Curaçao Orange**
**3 Flaschen gut gekühlter Weißwein**

Die Orange schälen, dabei auch die weiße Haut sorgfältig entfernen. Dann mit einem spitzen Messer neben den Zwischenhäuten einstechen, die Filets herauslösen und sie in Scheiben schneiden. Die Orangenstückchen mit Ananasringen, Gurkenscheiben und Pfefferminzzweigen in ein Bowlengefäß geben und mit Maraschinolikör und Curaçao Orange übergießen. Den Ansatz für etwa $^1/_2$ Stunde kühl stellen. Vor dem Servieren mit Weißwein auffüllen.
*(auf dem Foto: hinten)*

## Partybowle

- Für ca. 10 Gläser
- Zeit zum Kühlen: ca. 3 Std.

**1/2 Honigmelone**
**4 reife Feigen**
**6 Datteln**
**6 cl Cognac**
**3 Kiwis**
**3 Flaschen Weißwein**
**1 Flasche Sekt**

Die Melone entkernen und aus dem Fruchtfleisch mit dem Kugelausstecher kleine Kugeln herauslösen. Die Feigen schälen, die Datteln entkernen und beides würfeln. Melonenkugeln, Feigen- und Dattelwürfel im Bowlengefäß mit Cognac beträufeln und für etwa 2 Stunden kühl stellen. Dann die Kiwis schälen, in Scheiben schneiden und dazugeben. 1/2 Flasche Wein angießen und die Bowle für 1 weitere Stunde kühl stellen. Vor dem Servieren den restlichen Wein angießen, umrühren und mit Sekt aufgießen.

## Beerenbowle

- Für ca. 10 Gläser
- Zeit zum Kühlen: ca. 2 Std.

**400 g halbierte Erdbeeren**
**250 g Himbeeren**
**3 Kiwis, in Scheiben**
**100 ml Kiwisirup**
**2 Flaschen alkoholfreier Wein**
**1 Flasche alkoholfreier Schaumwein (z.B. Cantor)**
**1 Flasche Mineralwasser**

Erdbeeren, Himbeeren und Kiwischeiben in ein Bowlengefäß geben, Sirup und 1 Flasche alkoholfreien Wein angießen und den Ansatz für etwa 2 Stunden kühl stellen. Dann den restlichen Wein und Schaumwein dazugeben, umrühren und mit Mineralwasser auffüllen.

## Teebowle

- Für ca. 10 Gläser
- Zeit zum Kühlen: 2–3 Std.

**2 unbehandelte Zitronen**
**$^{3}/_{4}$ l kalter, starker schwarzer Tee**
**Saft von 1 Zitrone**
**100 ml Limettensirup**
**1 kleines Fläschchen Rumaroma**
**3 Flaschen alkoholfreier Schaumwein (z.B. Cantor)**

Die Zitronen mit warmem Wasser gut waschen und in Scheiben schneiden. Die Zitronenscheiben halbieren, in ein Bowlengefäß geben und mit Tee, Zitronensaft, Limettensirup sowie Rumaroma begießen. Den Ansatz für 2 bis 3 Stunden zugedeckt kühl stellen. Den Ansatz dann umrühren und mit Schaumwein auffüllen.

## Alkoholfreie Sangria

- Für ca. 10 Gläser
- Zeit zum Kühlen: ca. 20 Min.

**4 unbehandelte Orangen**
**1 unbehandelte Zitrone**
**6 gewürfelte Nektarinen**
**Saft von 2 Zitronen**
**$^{1}/_{4}$ l Orangensaft**
**2 l roter Traubensaft**

Die Schale von 1 Orange spiralförmig abschälen und beiseite legen. Die weiße Haut von der Orange abschneiden und die Orangenfilets aus den Häuten herauslösen. Die restlichen Orangen sowie die Zitrone in dünne Scheiben schneiden und diese dann vierteln. Schalenspirale, Orangenfilets, Orangen- und Zitronenscheiben sowie Nektarinenwürfel im Bowlengefäß mit dem Zitronensaft beträufeln und für etwa 20 Minuten zugedeckt kühl stellen. Dann mit den Säften auffüllen.

## Sangria I

- Für ca. 10 Gläser
- Zeit zum Kühlen: 3–4 Std.

**3 unbehandelte Orangen, in Scheiben**
**2 unbehandelte Zitronen, in Scheiben**
**1 Apfel, geschält und in Scheiben**
**4 Pfirsiche, enthäutet und gewürfelt**
**50 g Zucker**
**$^1/_4$ l Orangensaft**
**Saft von 1 Zitrone**
**2 Zimtstangen**
**4 cl Orangenlikör**
**6 cl Weinbrand**
**4 Flaschen Rotwein**
**$^1/_8$ l stilles, natriumarmes Mineralwasser**

Die Orangen- und Zitronenscheiben vierteln und zusammen mit Apfelscheiben und Pfirsichwürfeln in ein Bowlengefäß geben. Mit Zucker, Orangen- und Zitronensaft sowie Zimtstangen, Likör und Weinbrand vorsichtig mischen. Den Ansatz für 3 bis 4 Stunden kühl stellen. Dann die Zimtstangen entfernen, den Rotwein angießen und mit Mineralwasser auffüllen.

**Variation:**
Lassen Sie den Apfel, die Pfirsiche und die Zimtstangen weg. Nehmen Sie statt Orangenlikör Cognac, und ersetzen Sie den Weinbrand durch 100 ml Malaga oder Madeira. Füllen Sie die Bowle mit nur 1 Liter Rotwein und 1 Flasche Mineralwasser auf. So bekommt die Sangria einen kräftig-herben Geschmack.

## Sangria II

- Für ca. 25 Gläser
- Zeit zum Kühlen: ca. 1 Std.

**3 unbehandelte Orangen, in Scheiben**
**2 Pfirsiche, in Scheiben**
**1 Birne, in Scheiben**
**1 Flasche weißer Rum (z.B. Bacardi)**
**1 l Rotwein**
**1 l klare Zitronenlimonade**

Orangen-, Pfirsich- und Birnenscheiben in ein Bowlengefäß geben. Rum, Rotwein und Limonade angießen, alles verrühren und bis zum Servieren für etwa 1 Stunde kühl stellen.
*(auf dem Foto: links)*

## Fisherhouse Punch

- Für ca. 15 Gläser
- Zeit zum Kühlen: ca. 2 Stunden

**1 Flasche weißer Rum (z.B. Bacardi)**
**1/2 Flasche brauner Rum (z.B. Bacardi Gold)**
**6–8 EL Zuckersirup**
**Saft von 8 Zitronen**
**Saft von 6 Orangen**
**150 ml Pfirsichlikör**
**ca. 15 halbierte Orangen- und Zitronenscheiben**

Alle Zutaten außer den Orangen- und Zitronenscheiben in ein Bowlengefäß geben, gut umrühren und für etwa 2 Stunden kühl stellen. Die Bowle in Cocktailschalen auf Eis servieren und jedes Glas mit je einer halbierten Orangen- und Zitronenscheibe dekorieren.
*(auf dem Foto: rechts)*

# PUNSCHE, GROGS UND ANDERE HEISS-GETRÄNKE

**Hot-Drinks mit Schuß sind die Seelentröster in der kalten Jahreszeit. Besonders anregend wirken sie, wenn Alkohol mit Tee oder Kaffee gemischt wird.**

## Blutorangenpunsch

Für ca. 10 Gläser

**Saft von 5 Blutorangen**
**Saft von 1 Zitrone**
**200 g Zucker**
**3/4 l schwarzer heißer Tee**
**1/2 l weißer Rum**

Orangen- und Zitronensaft in ein hohes Gefäß geben. Dann langsam den Zucker darin unter Rühren auflösen. Das Fruchtsaftgemisch zum heißen Tee geben, Rum hinzufügen und den Punsch in einem Topf nochmals erhitzen, aber nicht mehr kochen lassen. Den Punsch heiß servieren.

## Fireside-Grog

Für 1 Glas

**1 TL Zucker oder Kandis**
**1 Zitronenscheibe**
**2–4 cl weißer Rum (z.B. Bacardi)**
**schwarzer heißer Tee nach Belieben**
**1 Zimtstange**

Zucker oder Kandis zusammen mit der Zitronenscheibe in ein großes Tee- oder Grogglas geben. Den Rum hinzufügen und mit Tee auffüllen. Die Zimtstange dazugeben, den Grog umrühren und servieren.

MIT RUM

## Nachtmütze

Für ca. 7 Gläser

**1 Msp. geriebene Muskatnuß**
**1 Msp. gemahlener Ingwer**
**1 Msp. Zimtpulver**
**1 Msp. gemahlene Nelken**
**abgeriebene Schale von**
**1 unbehandelten Zitrone**
**1 Orange, einige Gewürznelken**
**Zucker nach Belieben**
**1 Flasche Portwein**

Die gemahlenen Gewürze zusammen mit der Zitronenschale und $^1/_4$ l Wasser $^1/_2$ Stunde kochen lassen. Inzwischen die Orange mit den Gewürznelken bespicken und im Backofen bei 200 °C rösten, bis die Schale dunkelbraun ist. Die Orange in das kochende Gewürzwasser geben, etwas Zucker und den Portwein dazugeben. Den Punsch nochmals kurz aufkochen lassen, durch ein Sieb gießen und servieren.

MIT PORTWEIN

## Feuerzangenbowle

Für ca. 14 Gläser

**Saft von 2 Orangen**
**Saft von 1 Zitrone**
**$1^1/_4$ l Rotwein**
**1 Zimtstange**
**6 Gewürznelken**
**1 Zuckerhut**
**350 ml brauner Rum (54 Vol.-%)**

Die Säfte zusammen mit Rotwein und Gewürzen in einem großem Topf erhitzen, aber nicht kochen lassen. Dann in einen Feuerzangenbowlentopf umgießen. Den Zuckerhut auf den Halter legen und diesen über das Bowlengefäß hängen. Den Zuckerhut mit etwas Rum tränken und anzünden. Mit einer Schöpfkelle nach und nach weiteren Rum über den Zuckerhut gießen, bis dieser vollständig geschmolzen ist. Die heiße Bowle umrühren und servieren.
*(auf dem Foto oben)*

## Schwedentrunk

Für ca. 10 Gläser

Zeit zum Ziehen: 2–3 Std.

**1 l leichter Rotwein**
**6–8 cl Weinbrand**
**2 TL Zucker**
**10 Gewürznelken**
**1 TL Ingwerpulver**
**1 TL Kardamonkörner**
**100 g gehackte Mandeln**
**100 g Rosinen**

In einem Topf Rotwein, Weinbrand, Zucker und Gewürze zusammen erhitzen, aber nicht kochen lassen. Dann 2 bis 3 Stunden neben dem Herd durchziehen lassen. Anschließend die Mischung wieder erhitzen und durch ein Sieb passieren. In jedes Punschglas je 1 Teelöffel Mandeln und Rosinen geben und mit dem Punsch aufgießen.
*(auf dem Foto unten)*

***Zimtstangen***
*Zimt stammt ursprünglich aus Sri Lanka. Heute wird er auch in Indien, Indonesien, Madagaskar und auf den Seychellen gewonnen. Der immergrüne tropische Zimtbaum wächst in der Wildnis bis zu 20 Meter hoch. In Kultur hält man die Pflanze auf etwa 3 Metern Höhe. Der Zimt selber wird aus der Rinde des Baumes gewonnen. Sie wird in Rollen oder Streifen getrocknet und gebündelt. Beim Trocknen nimmt die Stange dann die typische hellbraune Farbe an. Zimt ist in Stangen oder als Pulver erhältlich. Er duftet zart süß sowie angenehm holzig und eignet sich hervorragend als Gewürz für Heißgetränke wie Glühwein und Punsche.*

***Kardamom***
*Kardamom wächst in Indien und Sri Lanka. Kultiviert wird er heute auch in Guatemala, Tansania, Vietnam und Papua-Neuguinea. Die Pflanze hat grüne Blätter mit weißlila gefärbten Spitzen. Die Früchte sind weiß, braun oder grün und enthalten klebrige schwarzbraune Samen, die relativ teuer sind, so daß die Schale oft bei der Pulvergewinnung mitgemahlen wird. Kardamom schmeckt etwas nach Kampfer, also bitter und intensiv. Das Gewürz paßt gut zu Backwaren und Brot sowie zu Nachspeisen und Obstgerichten und natürlich zu leckeren Heißgetränken. Kardamom verbessert außerdem den Geschmack von Kaffee und Tee, wenn man ihn vor dem Aufbrühen zum Pulver gibt.*

MIT RUM

MIT ROTWEIN

## Mexikopunsch

Für ca. 10 Gläser

**$^1/_2$ l schwarzer Tee**
**1 Flasche Tequila**
**300 ml Grapefruitsaft**
**Saft von 3 Zitronen**
**1 Zimtstange**

Den heißen Tee mit Tequila, Grapefruitsaft, Zitronensaft und der Zimtstange unter Rühren erhitzen, aber nicht kochen. Die Zimtstange entfernen und den Punsch heiß servieren.
*(auf dem Foto: oben links)*

## Jamaikapunsch

Für ca. 8 Gläser

**1 Flasche Rum**
**Saft von 2 Zitronen**
**1 TL gemahlene Nelken**
**1 TL Zimtpulver**
**Zucker nach Belieben**
**starker schwarzer Tee nach Belieben**
**1 Vanillestange**

Den Rum mit Zitronensaft, Nelken, Zimt und etwas Zucker gut verrühren. Mit heißem Tee nach Belieben auffüllen und die Vanillestange hineingeben. Den Punsch kurz durchziehen lassen und erhitzen. Nicht kochen. Die Vanillestange entfernen und den Punsch heiß servieren.
*(auf dem Foto: unten links)*

## Südamerikapunsch

Für ca. 7 Gläser

**1 Flasche Rum**
**350 ml Weinbrand**
**2 cl Aquavit**
**2 cl Kräuterlikör (z.B. Bénédictine)**
**200 g brauner Zucker**
**7 Scheiben von einer unbehandelten Grapefruit**

Den Rum mit Weinbrand, Aquavit, Kräuterlikör und etwas Wasser mischen. Den Zucker hinzugeben und den Punsch unter Rühren erhitzen, bis sich der Zucker aufgelöst hat. Nicht kochen. Die Grapefruitscheiben hinzugeben und den Punsch vor dem Servieren kurz durchziehen lassen.
*(auf dem Foto: oben rechts)*

## Amerikanischer Punsch

Für ca. 15 Gläser

**1 l starker schwarzer Tee**
**Saft von 6 Zitronen**
**$^1/_2$ l Weinbrand**
**$^1/_2$ l Portwein**
**500 g Zucker**

Den heißen Tee mit Zitronensaft, Weinbrand und Portwein mischen. Den Zucker hinzugeben und den Punsch unter Rühren erhitzen, bis sich der Zucker aufgelöst hat. Nicht kochen. Den Punsch heiß servieren.
*(auf dem Foto: unten rechts)*

## Punsch Meran

Für ca. 8 Gläser

**1 l roter Traubensaft**
**Saft von 2 Orangen**
**Saft von 1 Zitrone**
**abgeriebene Schale**
**von $^1/_2$ unbehandelten Zitrone**
**Zucker nach Belieben**
**$^1/_4$ l Weinbrand**

Den Traubensaft mit dem Orangen- und dem Zitronensaft mischen. Die Zitronenschale hinzufügen. Den Punsch bis kurz vor den Siedepunkt erhitzen, dabei nach und nach unter Rühren nach Belieben Zucker hinzugeben. Nicht kochen. Den Weinbrand dazugießen und den Punsch heiß servieren.
*(auf dem Foto: oben )*

## Rotweinpunsch

Für ca. 12 Gläser

**abgeriebene Schale von**
**1 unbehandelten Zitrone**
**250 g Zucker**
**$^1/_4$ l Weinbrand**
**$^3/_4$ l Wasser**
**1 Flasche Rotwein nach Geschmack**

Die abgeriebene Zitronenschale mit dem Zucker mischen. Den Weinbrand, das Wasser und den Rotwein dazugießen und alles unter Rühren erhitzen, bis sich der Zucker aufgelöst hat. Nicht kochen. Wenn der Punsch zu stark ist, nochmals etwas Wasser hinzufügen. Den Punsch heiß servieren.
*(auf dem Foto: Mitte links)*

## Punsch Loreley

Für ca. 9 Gläser

**1 Flasche Weißwein nach Geschmack**
**3 EL Zucker**
**360 ml Madeira**
**$^1/_2$ Flasche Sekt**

Den Weißwein zusammen mit dem Zucker und dem Madeira unter Rühren erhitzen, aber nicht kochen. Den Sekt dazugießen und den Punsch heiß servieren.
*(auf dem Foto: Mitte rechts)*

## Heulerpunsch

Für ca. 8 Gläser

Zeit zum Ziehen: ca. $^1/_2$ Std.

**100 g Rosinen**
**$^1/_4$ l Rum**
**1 l Weißwein nach Geschmack**
**100 g Zucker**
**abgeriebene Schale**
**von $^1/_2$ unbehandelten Zitrone**
**Saft von $^1/_2$ Zitrone**
**$^1/_2$ Stange Zimt**
**3 Nelken**

Die Rosinen kurz in kochendem Wasser abbrühen und abtropfen lassen. Die Rosinen mit dem Rum übergießen und etwa $^1/_2$ Stunde darin ziehen lassen. Weißwein, Zucker, Zitronenschale und - saft, Zimtstange und Nelken hinzufügen. Den Punsch unter vorsichtigem Rühren erhitzen, aber nicht kochen. Die Nelken und die Zimtstange entfernen und den Punsch sofort heiß servieren.
*(auf dem Foto: unten)*

## Drambuie-Punsch

Für ca. 8 Gläser

**Saft von 1 Zitrone**
**Saft von $^1/_2$ Orange**
**50 g Zucker**
**50 g flüssiger Honig**
**abgeriebene Schale von 1 unbehandelten Zitrone**
**je eine Prise Zimt und Muskat**
**1 Flasche Whisky-Honig-Likör (z.B. Drambuie)**

Zitronen- und Orangensaft, Zucker, Honig und Zitronenschale in einer Kasserolle zusammen mit $^1/_2$ Liter heißem Wasser verrühren. Zimt, Muskat und Drambuie hinzugeben. Alles auf kleiner Flamme bis zum Siedepunkt erhitzen. Den Punsch in vorgewärmten Punschgläsern servieren.

**Tip:**
Der Punsch schmeckt noch etwas fruchtiger, wenn Sie außer Zitronen- und Orangensaft noch 7 cl Mandarinensirup hinzufügen.

***Mandarinensirup***
*Mandarinensirup wird aus Zucker, Mandarinensaft und Wasser hergestellt. Die Masse wird anschließend gekocht, abgefüllt und sterilisiert. Fruchtsirupe werden für die Getränkeindustrie sowie für Eiscreme- und Dessertsaucen verwendet.*

## Fruchtpunsch

Für ca. 8 Gläser

**$^1/_4$ l Weinbrand**
**300 g gewürfeltes, frisches Obst (Pfirsich, Birne, Apfel, Orange)**
**1 Flasche Weißwein**
**5 cl Cognac**
**$^1/_4$ l Sekt**

In einem Topf den Weinbrand zusammen mit dem Obst unter Rühren kurz erhitzen, aber nicht kochen lassen. Dann den Weißwein dazugeben und alles nochmals erhitzen. Zum Schluß den Cognac und den Sekt dazugießen.
*(auf dem Foto: links)*

## Dezembertee

Für ca. 10 Gläser

**300 g Honig**
**1 l heißer schwarzer Tee**
**Saft von 2 Zitronen**
**Saft von 2 Orangen**
**300 ml Orangenlikör**
**1 TL Zimtpulver**
**250 g geschlagene Sahne**

Den Honig im Tee unter Rühren auflösen. Dann Zitronen- sowie Orangensaft, Orangenlikör und Zimt dazugeben. Den Punsch in einem Topf unter Rühren erhitzen, aber nicht kochen lassen. Das Getränk in hitzebeständige Gläser füllen und mit einer Sahnehaube garnieren.
*(auf dem Foto: rechts)*

## Schottentee

Für 1 Glas

**1 Schuß schottischer Whisky**
**etwas Zucker**
**100 ml heißer schwarzer Tee**
**etwas Schlagsahne**
**1 Prise geriebene Muskatnuß**

Einen Schuß Whisky in eine Teetasse geben, leicht zuckern und den heißen Tee dazugießen. Das Getränk umrühren und eine Sahnehaube darauf setzen. Die Sahne mit etwas Muskat bestreuen.

***Muskatnuß***
*Die Muskatnuß ist der getrocknete Samenkern eines immergrünen Baumes, der in Indonesien beheimatet ist. Heute wird er auch auf den Westindischen Inseln, in Sri Lanka und Südamerika kultiviert. Die Muskatnuß steckt in einer aprikosenfarbenen Frucht, die, sobald sie reif ist, aufspringt. Ein älterer Baum trägt das ganze Jahr über bis zu 2000 Nüsse. Sie schmecken süß, nußartig und duften nach Holz. Man bereichert durch eine kleine Priese Muskat nicht nur kalte und warme Mixgetränke, sondern verfeinert unter anderem auch Gemüse- und Fischgerichte mit diesem interessanten Gewürz.*

## Mitternachtstee

Für ca. 13 Gläser

**1 l starker schwarzer Tee**
**Saft von 8 Orangen**
**Saft von 2 Zitronen**
**$^1/_2$ l Rum**
**1 Schuß Weinbrand**
**Zucker nach Belieben**

Den heißen Tee mit dem Orangen- und Zitronensaft sowie dem Rum und einem Schuß Weinbrand mischen. Etwas Zucker hinzufügen und alles erhitzen, bis sich der Zucker aufgelöst hat. Nicht kochen.

**Tip:**
Noch aromatischer wird das Teegetränk, wenn Sie die abgeriebene Schale von 1 Orange und 1 Zitrone hinzufügen. Beide Zitrusfrüchte sollten unbehandelt sein.

## Brennendes Burgund

Für 1 Glas

**100 ml starker schwarzer Tee**
**Zucker nach Belieben**
**50 cl Rotwein nach Geschmack**
**1 Orangenscheibe**
**1/2 Zitronenscheibe**
**1 Stück Würfelzucker**
**etwas Rum zum Flambieren**

Den heißen Tee nach Belieben mit Zucker süßen und zusammen mit dem Rotwein in ein großes Grogglas (ca. 200 ml Inhalt) füllen. Die Zitronenscheibe auf die Orangenscheibe legen und obenauf den Würfelzucker geben. Das Ganze vorsichtig auf den Punsch im Grogglas legen, mit etwas Rum übergießen und dann anzünden.

***Flambieren***
*Mit dem Flambieren können Sie nicht nur einen überraschenden Serviereffekt erzielen, sondern führen dem Getränk oder dem Gericht auch zusätzliche Aromastoffe zu. Durch das Anzünden von Branntwein verbrennt der Alkohol, die Aromastoffe verbleiben im Getränk, was ihm einen intensiveren Geschmack verleiht.*

## Friesentee

Für ca. 8 Gläser

**1/2 l schwarzer Tee**
**1 Flasche Rotwein nach Geschmack**
**2 Gewürznelken**
**1 Stange Zimt**
**2 Sternanis**
**1 EL Zucker**
**etwas Zitronen- und Orangensaft**
**Kandiszucker nach Belieben**

Den Tee zusammen mit Rotwein, Gewürzen und Zucker unter Rühren erhitzen, aber nicht kochen. Den Punsch mit etwas Zitronen- und Orangensaft abschmecken. Die Gewürze entfernen, das Getränk in Gläser füllen und mit Kandiszucker servieren.

***Sternanis***
*Sternanis stammt aus China und Vietnam. Die rotbraunen, sternförmigen Früchte wachsen an bis zu 6 Meter hohen Bäumen. Bei uns wird Sternanis vor allem in der Weihnachtsbäckerei eingesetzt. Er ist in Glühweinmischungen ebenso enthalten wie in Gewürzmischungen für Pfefferkuchen. Sternanis schmeckt würzig und leicht brennend.*

## Grog Peruschim

Für 1 Glas

**2 TL Zucker**
**150 ml heißer schwarzer Kaffee**
**1 EL Rum**
**2 EL Sahne**
**etwas geschlagene Sahne**

Den Zucker zusammen mit Kaffee, Rum und Sahne unter Rühren erhitzen, aber nicht kochen. Den Grog in ein Glas füllen und mit einem Tupfer Schlagsahne garnieren.
*(auf dem Foto: oben links)*

## Sahnepunsch

Für ca. 10 Gläser

**1 unbehandelte Zitrone**
**$^1/_2$ l schwarzer Tee**
**1 Flasche Rotwein**
**2 Gewürznelken**
**1 Zimtstange**
**150 g Zucker**
**$^1/_4$ l Rum**
**250 g geschlagene Sahne**

Von der Zitrone die Schale abreiben und anschließend die Zitrone auspressen. Den Tee zusammen mit Rotwein, Gewürzen, Zitronenschale und Zucker unter ständigem Rühren erhitzen, bis sich der Zucker aufgelöst hat. Rum und Zitronensaft hinzufügen. Den Punsch durch ein Sieb in vorgewärmte Gläser füllen. Jedem Glas ein Sahnehäubchen aufsetzen.
*(auf dem Foto: unten links)*

## Kaffee-Portwein-Punsch

Für ca. 10 Gläser

**$^1/_2$ l heißer starker Kaffee**
**$^1/_2$ l weißer Portwein**
**$^1/_2$ l Rum**
**Kandis- oder Würfelzucker nach Geschmack**

Den Kaffee zusammen mit Portwein und Rum erhitzen, aber nicht kochen. Unter ständigem Rühren Kandis oder Würfelzucker nach Geschmack hinzufügen und so lange Rühren, bis sich der Zucker aufgelöst hat. Den Punsch in Gläser füllen und servieren.
*(auf dem Foto: oben rechts)*

## Pariser Punsch

Für ca. 12 Gläser

**Saft von 2 Zitronen**
**Saft von 5–6 Orangen**
**1 l schwarzer Tee**
**$^1/_2$ l Armagnac**
**200 g Zucker**

Zitronen- und Orangensaft mit den restlichen Zutaten (außer dem Zucker) mischen. Alles langsam erhitzen und den Zucker nach und nach hinzufügen. So lange rühren, bis er sich völlig aufgelöst hat. Den Punsch in heiße Gläser füllen und servieren.
*(auf dem Foto: unten rechts)*

## Grapefruit-Orangen-Punsch

- Für ca. 10 Gläser
- Zeit zum Ziehen: ca. 1/2 Std.

**Saft von 3 Orangen**
**Saft von 3 Grapefruits**
**Saft von 1 Zitrone**
**1 Flasche Weißwein**
**2 Gewürznelken**
**100 g Zucker**
**1 Zimtstange**
**350 ml weißer Rum**

Alle Zutaten (außer dem Rum) zusammen etwa 1/2 Stunde zugedeckt ziehen lassen. Anschließend den Punsch erhitzen, aber nicht kochen lassen. Die Nelken und die Zimtstange entfernen, den Rum dazugießen, den Punsch umrühren und in heiße Gläser geben.
*(auf dem Foto: links)*

## Erdbeerpunsch

- Für ca. 10 Gläser
- Zeit zum Ziehen: 2–3 Std.

**500 g geputzte frische Erdbeeren**
**250 g Zucker**
**Saft von 1 Zitrone**
**1/4 l weißer Rum**

Die Erdbeeren in 1/8 l Wasser etwa 10 Minuten köcheln lassen. Das Kompott zusammen mit Zucker, Zitronensaft und Rum zugedeckt 2 bis 3 Stunden durchziehen lassen. Anschließend etwa 1 Liter Wasser hinzugeben, alles unter Rühren kurz aufkochen lassen und durch ein Sieb passieren. Den heißen Punsch sofort servieren.
*(auf dem Foto: rechts)*

## Punsch St. Petersburg

Für ca. 6 Gläser

**1 kleine frische Ananas**
**1 Flasche Sekt**
**4 cl Kirschwasser**
**etwas Cognac**
**250 g Zucker**

Die Ananas in Scheiben schneiden, von diesen die Rinde und den harten Strunk in der Mitte entfernen und die Ringe in mundgerechte Stücke schneiden. Den Sekt zusammen mit Kirschwasser, Cognac und Zucker unter Rühren erhitzen, bis sich der Zucker aufgelöst hat, dabei aber nicht kochen lassen. Die Ananasstückchen hinzufügen und den Punsch nochmals kurz erhitzen.
*(auf dem Foto: links)*

## Rumglögg

Für ca. 10 Gläser

**1 Flasche Rotwein**
**360 ml Portwein**
**1 Stück unbehandelte Zitronenschale**
**8 Gewürznelken**
**1 Zimtstange**
**80 g Zucker**
**350 ml brauner Rum.**

Alle Zutaten außer dem Rum unter Rühren bis kurz vor dem Siedepunkt erhitzen. Zugedeckt etwa $^1/_4$ Stunde bei schwacher Hitze ziehen lassen. Dann die Gewürze und die Zitronenschale herausnehmen. Den Rum leicht anwärmen und zum Punsch gießen. Heiß servieren.
*(auf dem Foto: rechts)*

## Novemberpunsch

Für ca. 6 Gläser

**3/4 l schwarzer Tee**
**Saft von 1 Orange**
**250 g Zucker**
**Kirschwasser nach Belieben**

Den heißen Tee zusammen mit Orangensaft und Zucker unter Rühren erhitzen, aber nicht kochen. Das Kirschwasser leicht erwärmen und dazugießen. Den Punsch heiß servieren.
*(auf dem Foto: oben links)*

## Schwedischer Christfestpunsch

Für ca. 10 Gläser

**1/2 l Sherry**
**3 Gewürznelken**
**einige Kardamomkörner**
**abgeriebene Schale von**
**1 unbehandelten Orange**
**250 g Sultaninen**
**1 TL Butter**
**200 g Zucker**
**1/2 l Apfelsaft**
**1/2 l Aquavit oder Brandy**
**Orangensaft nach Belieben**
**100 g gehackte Mandeln**

Den Sherry mit Nelken, Kardamomkörnern und Orangenschale unter Rühren aufkochen lassen. Die Sultaninen waschen und mit Wasser bedeckt kurz quellen lassen. Anschließend abtropfen lassen. Die Butter in einem Pfännchen erhitzen und den Zucker darin hellbraun karamelisieren. Den Apfelsaft und den Aquavit oder Brandy sowie etwas Orangensaft zu dem abgekühlten Karamelzucker gießen Die heiße Sherrymischung hinzufügen und alles unter Rühren vorsichtig erhitzen. Die Sultaninen und die gehackten Mandeln in vorgewärmte Gläser geben. Den heißen Punsch durch ein Sieb gießen und in die Gläser füllen.
*(auf dem Foto: unten links)*

## Sylvesterpunsch

Für ca. 12 Gläser

**1/2 l schwarzer Tee**
**1 l Rotwein**
**1/4 l Weinbrand**
**300 g Zucker**

Den Tee und den Rotwein mischen und erhitzen, aber nicht kochen. Den Weinbrand mit dem Zucker in einem kleinen Topf unter Rühren erwärmen, bis sich der Zucker aufgelöst hat. Das Gemisch anzünden und noch brennend in den heißen Rotweintee gießen.
*(auf dem Foto: oben rechts)*

## McIntosh-Punsch

Für ca. 16 Gläser

**1 Flasche Whisky**
**1 l schwarzer Tee**
**1 Flasche Portwein**
**1/8 l Weinbrand**
**abgeriebene Schale von**
**1 unbehandelten Zitrone**
**150 g Zucker**

Den Whisky zusammen mit Tee, Portwein und Weinbrand erhitzen. Die Zitronenschale und den Zucker hinzugeben und den Zucker unter Rühren auflösen. Nicht kochen. Den Punsch heiß servieren.
*(auf dem Foto: unten rechts)*

## Holländischer Grog

Für ca. 10 Gläser

**700 ml Weinbrand**
**250 g Zucker**
**Saft von 6 Zitronen**

Den Weinbrand zusammen mit Zucker und Zitronensaft unter Rühren erhitzen, aber nicht kochen lassen. $^{3}/_{4}$ Liter heißes Wasser dazugeben und den Grog nochmals erwärmen.

*__Weinbrand__*
*Weinbrand ist ein Destillat aus Wein, dessen Alkoholgehalt durch Zugabe von reinem Wasser herabgesetzt wird. Der Mindestalkoholgehalt beträgt 38 Vol.-%. Vor 1919 wurde der Weinbrand in deutschsprachigen Ländern noch Cognac genannt, später wurde diese Namensgebung durch den Versailler Vertrag verboten. Seit 1971 ist der Name „Weinbrand" durch das deutsche Weingesetz geschützt und ist somit auch Herkunfts- und Qualitätsbezeichnung. Die bekanntesten Weinbrände sich heute Asbach Uralt, Dujardin Imperial sowie die preiswerten Chantré und Mariacron.*

## Weißer Glühwein

Für ca. 4 Gläser

**1 Flasche Weißwein**
**10 Stücke Kandiszucker**
**1 Gewürznelke**
**4 Orangenscheiben von einer unbehandelten Orange**

Wein, Zucker und Nelke zusammen erhitzen, nicht kochen lassen, und in Gläser seihen. Die Glasränder mit Orangenscheiben dekorieren.

*__Kandiszucker__*
*Kandiszucker entsteht durch langsame Kristallisation aus konzentrierter, reiner Zuckerlösung. Weißen Kandiszucker bezeichnet man auch als „Kluntje", gelbbraunen Zucker als Krustenkandis und dunkelbraunen als Würfelkandis. Brauner Kandis wird aus Rohzucker gewonnen, er darf bei uns jedoch auch aus Zuckerraffinade hergestellt und anschließend mit Zuckercouleur gefärbt werden.*
*Kandiszucker löst sich in Getränken nur sehr langsam auf, so daß er gerade bei passionierten Teetrinkern sehr beliebt ist.*

## Negus

Für 1 Glas

**100 ml Portwein**
**1 TL Zucker**
**1 Stück Zitronenschale**
**etwas heißes Wasser**
**etwas geriebene Muskatnuß**

Portwein, Zucker und Zitronenschale zusammen erhitzen, nicht kochen lassen, und in ein Teeglas geben. Etwas heißes Wasser dazugeben und das Getränk mit Muskatnuß bestreuen.

***Portwein***
*Der Portwein ist eine Spezialität aus Portugal. Er wird nur in einer bestimmten Landschaft, dem Dourotal, östlich der Hauptstadt Porto, angebaut. Dieses Gebiet gehört zu den wärmsten und regenärmsten Regionen des Landes. Die Bestimmungen rund um den Portwein sind schon über 200 Jahre alt und gehören zu den strengsten der Welt. Sie regeln genauestens den Anbau, die Herstellung, die Lagerung und den Export. Trockenen Portwein serviert man gerne als Aperitif, süßer oder halbsüßer Wein rundet jede Mahlzeit hervorragend ab.*

## Hot Locomotive

Für 1 Glas

**1 Eigelb**
**$^1/_2$ TL Zucker**
**1 TL Honig**
**100 ml Burgunder**
**2 Spritzer Curaçao Triple sec**
**1 Prise Zimtpulver**
**1 Stück Zitronenschale**

Eigelb, Zucker und Honig zusammen verrühren. Burgunder, Curaçao und Zimt zusammen erhitzen und mit dem Eigelbgemisch in ein Teeglas geben. Den Glasrand mit der Zitronenschale garnieren.

***Curaçao Triple sec***
*Curaçao ist ein Bestandteil vieler bekannter Mixgetränke. Der Fruchtaromalikör wird aus den Schalen unreifer Pomeranzen gewonnen, die auf der westindischen Insel Curaçao gedeihen. Destilliert wird der Likör hauptsächlich in den Niederlanden, in Italien und Frankreich. Der Alkoholgehalt liegt bei mindestens 30 Vol.-%, Liköre mit mindestens 35 Vol.-% tragen die zusätzliche Bezeichnung „Tripple“ oder „Tripple sec“. Die bekannteste Firma, die Curaçao herstellt und vertreibt, ist Erven Lucas Bols.*

## Café Drambuie

Für 1 Glas

**2 cl Whisky-Honig-Likör**
**(z.B. Drambuie)**
**Zucker nach Belieben**
**100 ml heißer starker Kaffee**
**1 EL geschlagene Sahne**

Whisky-Honig-Likör und Zucker nach Belieben in einem Coffee-Glas oder einer großen Tasse vermengen. Die Tasse bis zu Dreiviertel mit Kaffee auffüllen und das Ganze mit einem Sahnehäubchen krönen.
*(auf dem Foto: links)*

## Egg Nogg

Für 1 Glas

**1–2 Eigelb**
**2 Barlöffel Honig oder Zucker**
**4 cl Whisky-Honig-Likör**
**(z.B. Drambuie)**
**2 cl Scotch Whisky**
**100 ml heiße Milch**
**1 Prise Muskat**

Das Eigelb mit dem Honig oder dem Zucker in einem Tumbler oder einem Punschglas verrühren. Whisky-Honig-Likör und Whisky dazugeben. Unter ständigem Rühren mit der heißen Milch auffüllen. Muskatnuß darüberstreuen, Trinkhalme dazugeben und sofort servieren.
*(auf dem Foto: Mitte)*

## Scottish Grog

Für 1 Glas

**2 Barlöffel Zucker**
**(je nach Geschmack)**
**2 cl Zitronensaft**
**4–5 cl Whisky-Honig-Likör**
**(z.B. Drambuie)**

Ein Grogglas oder eine große Tasse mit kochendem Wasser auffüllen, Zucker, Zitronensaft und Whisky-Honig-Likör hinzugeben und umrühren.
*(auf dem Foto: rechts)*

***Drambuie***
*Drambuie ist ein berühmter Likör aus Schottland, dessen Rezept schon seit 1745 bekannt ist und von der Familie des Prinzen Charles Edward hergestellt und vertrieben wurde. Auch heute noch stellen die Nachkommen den exklusiven goldgelben Whisky-Honig-Likör her, der aus Scotch Whisky, Blütenhonig, erlesenen Kräutern und Gewürzen besteht. Der Name wird von dem gälischen Begriff „An Dram Buidheach" abgeleitet, was soviel wie „mundender Trank" bedeutet. Drambuie hat einen Alkoholanteil von 40 Vol.-%.*

## Rüdesheimer Kaffee

Für 1 große Tasse

**4 cl Weinbrand (z.B. Asbach Uralt)**
**3 Stücke Würfelzucker**
**heißer Kaffee zum Auffüllen**
**mit Vanille abgeschmeckte geschlagene Sahne nach Belieben**
**2 TL Schokoladenraspel**

Den Weinbrand erwärmen und zusammen mit dem Würfelzucker in eine vorgewärmte Tasse geben. Den Weinbrand abbrennen und mit dem heißen Kaffee unter Rühren löschen. Eine Sahnehaube auf den Kaffee geben und die Schokoladenraspel darüberstreuen.
*(auf dem Foto: links)*

## Pharisäer

Für 1 Becher

**2 Stücke Würfelzucker**
**4 cl brauner Rum**
**1 Tasse heißer Kaffee**
**1 EL leicht geschlagene Sahne**

Den Würfelzucker zusammen mit dem Rum in einen vorgewärmten Becher geben, mit heißem Kaffee auffüllen und umrühren. Die Sahne auf den Kaffee fließen lassen.
*(auf dem Foto: rechts)*

## Rezeptverzeichnis

Dieses Buch gehört zu einer Kochbuchreihe, die die beliebtesten Themen aus dem Bereich Essen und Trinken aufgreift. Sie erhalten die Titel überall dort, wo es Bücher gibt.

Bei diesem Buch handelt es sich um eine überarbeitete Ausgabe des bereits unter dem Titel „Bowlen und Punsche" (1447) erschienenen Buches.

Dieses Buch wurde auf chlorfrei gebleichtem und säurefreiem Papier gedruckt.

Der Verlag dankt der Firma RASTAL, Höhr-Grenzhausen, für die freundliche Unterstützung

ISBN 3 8068 1954 3



**Umschlaggestaltung:** Peter Udo Pinzer
**Gestalungskonzeption:** Christa-Johanna Gramm
**Warenkunde:** Silke Koch, Mainz
**Redaktion dieser Auflage:** Marlein Meyer
**Umschlagfotos:** vorne außen: **TLC-Foto-Studio GmbH,** Velen-Ramsdorf (Rezepte „Mandarinen-Grapefruit-Bowle" und „Bananen-Kiwi-Bowle", S. 14; vorne innen: **TLC-Foto-Studio GmbH, Velen-Ramsdorf** (Rezepte „Baccarabowle", „Alte englische Bowle" und „Williams-Christ-Bowle", S. 18); hinten: **FALKEN Archiv** (Rezepte „Grapefruit-Orangen-Punsch" und „Erdbeerpunsch", S. 54)
**Fotos:** S. 8, 9, 25 o., 39, 41 li., 48, 61: **Bacardi Deutschland, Hamburg;** S. 4 re., 5: **Henkell & Söhnlein Sektkellereien, Wiesbaden;** S. 25 u.: **Molkerei Alois Müller GmbH & Co., Aretsried;** S. 2, 16 li., 19, 35, 41 re., 44, 47, 50, 51 57, 58, 59, 62: **TLC-Foto-Studio GmbH, Velen-Ramsdorf;** alle anderen Fotos: **FALKEN Archiv**
**Produktion:** Dr. Reitter & Partner GmbH, Vaterstetten
**Satz:** Dr. Reitter & Partner GmbH, Vaterstetten
**Druck:** Offizin Andersen Nexö, Leipzig

144700396X817 2635 4453 62